Katja Reider

Sabine Wilharm

Gleich ...

Katja Reider ... Sabine Wilharm

Gleich ..

Eine Geschichte vom Trödeln und Drängeln

Hanser

»Komm, Lenni, Frühstück ist fertig!«, ruft Papa aus der Küche.

Aber Lenni und Teddy Eddi sind gerade mitten im Dschungel. Da kann man nicht einfach so rausspazieren.

»Lenni!
Wir warten.«

GLEICH...

Lenni tappt ins
Badezimmer.
Im Dschungel war
es viel gemütlicher.

Der Waschlappen
ist heute besonders
nass.

Und die gelbe Ente steht falsch.
Die gehört doch zu ihren Küken!
Das muss Lenni erst in
Ordnung bringen.

»Möchtest du
Rührei?«,
fragt Mama,

»... oder Müsli?«, fragt Papa.

GLEICH...

Hmm ... Lenni überlegt.
Vielleicht weiß Teddy Eddi Rat?
Lenni geht ihn holen.

Aber jetzt will Nilo Nilpferd natürlich
mit in die Küche. Und Frühstück
wollen die beiden auch.
Papa seufzt.

Dabei ist es doch Lenni,
der alle Hände voll zu tun hat!
Kein Wunder, dass ziemlich
viel Müsli daneben geht.

Aber eigentlich sehen die Haferflocken auf Lennis
Nasenspitze ziemlich lustig aus. Vor allem von der Seite!

Von der anderen Seite auch.

»Jetzt beeil dich mal, Lenni!«,
sagt Mama. »Wir wollen doch heute
zum Waldspielplatz, oder?«

Als ob Lenni das nicht wüsste!
Genau deshalb ist es ja so wichtig, dass er
das T-Shirt mit den Bäumen drauf anzieht.
Auch wenn das in der Wäsche ist.

»Gleich geht's lo-hos!
Gleich geht's **lo-hos!**«,
trompetet Papa.

GLEiCH …

»Lass uns eben
rasch die Betten
machen«, sagt
Mama.

Aber Lenni will erst noch
Flugzeug spielen.

Also gut!

Papa schnappt
sich Lenni und wirbelt
ihn durch die Luft.

»Noch mal!«,
ruft Lenni.

»Nein, Schatz, es ist schon spät!
Anschnallen! – Landung!«
Viel zu schnell fliegt Lenni zurück
auf die Kissen.

Papa sammelt Shirts und
Hemden vom Boden auf.
»Oje, so viel Wäsche!
Ich stelle nur noch eine
Maschine an.«

GLEICH…

»Komm, Lenni, wir holen schon mal die
Fahrräder aus dem Schuppen«,
sagt Mama.

Puh, ist das düster hier
drin! Aber da steht ja
Omas alter Sessel!
Der ist toll zum Hopsen!
»Guck mal!«, ruft Lenni.
»Ich komm ganz hoch!«

»Mhm«, macht Mama.
»Du, ich bringe hier mal
eben das Licht in Ordnung!«

GLEICH...

»Guck mal,
fast bis zur Decke!«,
brüllt Lenni.
»Oder bis zum Mond!«

Ups, wo steckt denn Mama?

Mama sucht nach einem
passenden Ersatzschalter.

GLEICH...

GLEICH...

Sie sucht ziemlich lange.
»War hier nicht einer ...
... oder doch im Keller?«

GLEICH...

Schließlich sieht sie Papa an.
»Ich finde den Schalter nicht.
Kannst du kurz zum
Baumarkt fahren?«

Papa seufzt. »Okay!
Kommst du mit, Lenni?«

GLEICH...

ABER...

Lenni verzieht das Gesicht.
»Wir wollten doch –«
»Dauert nicht lange!«,
verspricht Papa.

»Aber Eddi kommt
mit!«, sagt Lenni.

Na gut.
Papa und Lenni springen
ins Auto. Der Baumarkt
ist ziemlich weit.

Oh, hier gibt's aber viele
Schalter! Papa sucht jemanden,
der sich auskennt.

Schade, Lenni hat schon
so einen schönen Schalter
gefunden, der ist sogar bunt!

Da klingelt Papas Handy.
»Mama möchte, dass wir
noch in den Supermarkt
fahren«, sagt Papa.

Manno!

SUPERMARKT!

Im Supermarkt setzt Papa Lenni oben in den Einkaufswagen. »Wir beeilen uns, ja?«

ZISCH! HUI!!!!!!

Oje, fast hätten sie eine Frau angefahren!

Da fällt Papa ein, dass er die Kartoffeln vergessen hat. »Die sind am Eingang, beim Gemüse. Ich hol sie schnell. Bin gleich wieder da, ja?«

GLEICH...

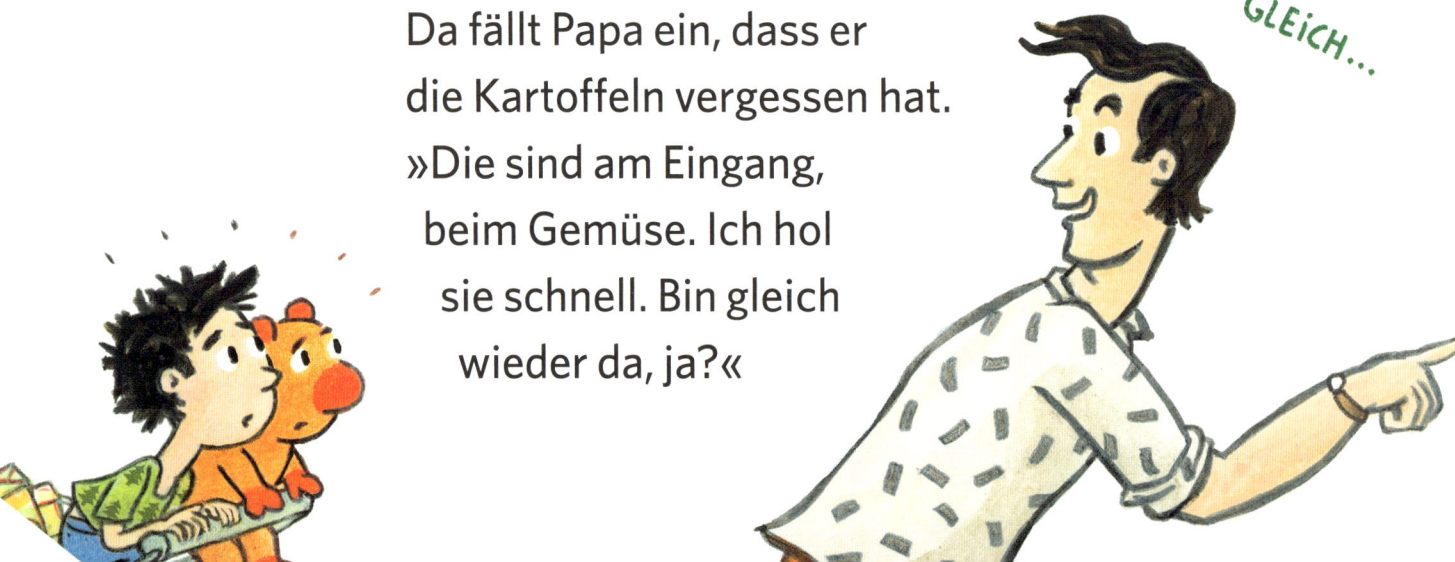

Lenni wartet. Und wartet.
Papa ist ganz schön
lange weg.

Zu lange für
Lenni.

Da kommt Papa angerannt.
»Tut mir leid, Schatz!
Ich war im falschen Gang.«
Er hebt Lenni aus dem Wagen.

»Puh!«

Endlich geht es nach
Hause. Papa und Lenni schleppen
die Einkäufe rein. Dann schnappt
sich Lenni seinen Rucksack und stapft
wieder zur Haustür. »Fahren wir jetzt?«
»Gleich!« Mama wuschelt Lenni durchs Haar.
»Papa und ich räumen nur die Einkäufe weg.«

Ups, wo steckt Papa denn?

GLEICH...

Im Badezimmer.
»Ich rasier mich noch schnell!«,
ruft er von drinnen.
Mama seufzt.

Oh nein!
Plötzlich prasseln dicke
Wassertropfen
gegen das Fenster.

Oh, Papa hat recht, es wird tatsächlich schon wieder heller!

Und das ist noch nicht alles ...

»Kommt mal«,
ruft Lenni.
»Ich will euch was zeigen!«

»Einen Moment noch!«,
hört er Mama.

GLEICH...

»Ich komme gleich!«,
ruft Papa.

GLEICH...

»NEIN, JETZT!
IHR MÜSST JETZT GUCKEN!«
»JETZT!«

Da sind Mama und Papa. Und sie gucken.

»Oooh!«, macht Mama. Und dann noch mal: »Oooh!«

Die beiden wechseln einen Blick. Und dann ...

... nimmt Papa
Lenni auf den Arm
und Mama an die Hand,
und sie laufen nach draußen.

»Das konnte wirklich
nicht warten!«,
flüstert Mama.
»Aber das auch nicht«,
meint Papa.
Er küsst erst Lenni
und dann Mama.
Und dann alle beide.

»Entschuldige, Lenni!
Erst sollst DU dich beeilen, und dann ...«
»... fällt UNS ständig etwas ›Wichtiges‹
ein, das noch erledigt werden muss«,
ergänzt Mama.
»Dabei ist doch nur eins wirklich wichtig!«

»Und was ist das?«, fragt Lenni.

Aber eigentlich weiß er es schon.

Katja Reider arbeitete in einer PR-Agentur und als Pressesprecherin, bevor sie das Schreiben für sich entdeckte. Seitdem sind zahlreiche Kinderbücher für jedes Alter entstanden. Ihre Bestseller-Reihe rund um die verliebten Schweinchen *Rosalie und Trüffel* wurde in über 20 Sprachen übersetzt. Bei Hanser erschienen ihr Bilderbuch *Bestimmer sein – Wie Elvis die Demokratie erfand* (2021, Illustrationen: Cornelia Haas), das Kinderbuch *Weltbeste kleine Schwester* (2022, Illustrationen: Hildegard Müller) sowie die von Henrike Wilson illustrierten Pappbilderbücher *Ab in die Wanne, Ferkel!* (2021), *Ab ins Bett, Ferkel!* (2022) und *Viel Spaß in der Kita, Ferkel!* (2022). *Komm, wir gehen zur Ärztin, Ferkel!* (2023) ist der letzte Band in dieser Reihe. 2023 erschien auch ihr Bilderbuch *Vertragt euch – Zwei kleine Bären schlichten einen großen Streit* (Illustrationen: Almud Kunert). Katja Reider lebt mit ihrer Familie in Hamburg und engagiert sich hier seit vielen Jahren in der Leseförderung.

Sabine Wilharm studierte an der Fachhochschule für Gestaltung in Hamburg und arbeitet seit ihrem Abschluss als freie Illustratorin im Buchbereich, als Karikaturistin für Magazine sowie zeitweise als Lehrbeauftragte für Illustration. Bekannt wurde sie durch ihre Zeichnungen des deutschen Harry Potter. Für Hanser illustrierte sie schon 2000 *Schinken und Ei* von John Saxby, außerdem *Eugen Eule* von Janwillem van de Wetering, alle 20 Bände der beliebten *Ella*-Reihe von Timo Parvela sowie die drei *Pelle und Pinguine*-Bände von Henning Callsen. 2023 steuerte sie zu *Lesen ist doof* (2023; Text: Nils Freytag und Silke Schlichtmann) sowie dem *Lesen ist doof Postkarten-Set* (2024) einen Beitrag bei. Ihre Illustrationen zu *Gleich … Eine Geschichte vom Trödeln und Drängeln* (2024) ist die erste Zusammenarbeit mit Katja Reider.

 HANSER hey! Schau vorbei und
teile dein Leseglück auf Instagram

1. Auflage 2024

ISBN 978-3-446-28078-6
© 2024 Carl Hanser Verlag GmbH & Co. KG, München
Wir behalten uns auch eine Nutzung des Werks für Zwecke des
Text und Data Mining nach § 44b UrhG ausdrücklich vor.
Umschlag: Stefanie Schelleis, München © Sabine Wilharm
Satz im Verlag
Druck und Bindung: PNB Print Ltd., Silakrogs
Printed in Latvia